BEI GRIN MACHT SICH IHR WISSEN BEZAHLT

- Wir veröffentlichen Ihre Hausarbeit,
  Bachelor- und Masterarbeit

- Ihr eigenes eBook und Buch -
  weltweit in allen wichtigen Shops

- Verdienen Sie an jedem Verkauf

Jetzt bei www.GRIN.com hochladen
und kostenlos publizieren

Bibliografische Information der Deutschen Nationalbibliothek:

Die Deutsche Bibliothek verzeichnet diese Publikation in der Deutschen National-
bibliografie; detaillierte bibliografische Daten sind im Internet über http://dnb.d-
nb.de/ abrufbar.

Impressum:

Copyright © 2014 GRIN Verlag, Open Publishing GmbH
Druck und Bindung: Books on Demand GmbH, Norderstedt Germany
ISBN: 978-3-668-12780-7

Dieses Buch bei GRIN:

http://www.grin.com/de/e-book/314093/rene-descartes-naturphilosophie-die-wis-
senschaftliche-methode-die-substanzontologie

Christian Kremer

René Descartes' Naturphilosophie. Die Wissenschaftliche Methode, die Substanzontologie und die Naturgesetze

GRIN Verlag

Technische Universität Dortmund | Institut für Philosophie und Politikwissenschaft

René Descartes' Naturphilosophie

Seminar: Neuzeitliche Naturphilosophie
Form der Leistungserbringung: Referatsausarbeitung

Verfasser: Christian Kremer
Studiengang: Bachelor mit fachwissenschaftlichem Profil
Kernfach: Philosophie
Komplementfach: Germanistik

Inhalt

Literatur

0. Einleitung

In der neuzeitlichen Naturphilosophie vollzieht sich eine umfassende Abkehr vom aristotelisch-scholastischen Weltbild.[1] In seiner Zwei-Welten-Lehre unterteilt Aristoteles (384 – 322 v. Chr.) den Kosmos in den veränderlichen, sublunaren und den unveränderlichen, supralunaren Bereich. Die sublunare Welt erstreckt sich zwischen Erde und Mondumlaufbahn, während sich die supralunare Welt jenseits der Mondumlaufbahn befindet. Gemäß dieser Lehre eignet sich die Mathematik, die in der Antike noch ohne den Funktionsbegriff auskommen muss, nicht für die Beschreibung der veränderlichen Naturphänomene im sublunaren Bereich einschließlich unseres Planeten.[2] In den natürlichen Bewegungen der sublunaren Welt sieht Aristoteles teleologische Wirkmechanismen am Werk, die in Verbindung mit der Vier-Elementen-Lehre des Empedokles von Akragas (492 – 432 v. Chr.) auf dem Streben der Dinge nach ihrem natürlichen Ort, auf ihrem Telos, beruhen.[3] Systematische Experimente in der Naturerforschung zur Überprüfung aufgestellter Hypothesen lehnt Aristoteles ab, weil er die dabei erzeugten Phänomene als künstlich und widernatürlich ansieht. Stattdessen gibt er einer kontemplativen Naturbeobachtung den Vorzug.[4]

Galileo Galilei (1564 – 1642) propagiert bereits 1623 in *Il Saggiatore* die Mathematik als Erkenntnisinstrument in der Naturphilosophie, ohne dabei die zwei Welten des Aristoteles zu unterscheiden. Im Jahr 1637 weist René Descartes (1596 – 1650) in seiner Schrift *Von der Methode des richtigen Vernunftgebrauchs* der Mathematik ebenfalls eine entscheidende Funktion für den Erwerb gesicherten Wissens zu und wertet sie als paradigmatisch für alle weiteren Wissenschaften.[5] Während Galilei die mathematische Erforschung der Natur eng an die experimentelle Physik knüpft, schätzt der Rationalist Descartes physikalische Experimente gering und nutzt lieber die reine Erkenntniskraft seiner Vernunft und Intuition.[6] Empirische Befunde dürfen ihm bei seiner Suche nach Erkenntnis allenfalls als Bestätigung oder Konkretisierung seiner Ergebnisse dienen, aber ausdrücklich nicht als Kontrollinstanz.[7]

Im Spannungsfeld zwischen der Ablösung des aristotelischen Weltbilds mit seiner fast 2000-jährigen Tradition und den Anfängen der modernen Physik mit Isaac Newton (1642 –

---

[1] vgl. Huber 2002, S. 181f

[2] vgl. Huber 2002, S. 105ff

[3] vgl. Huber 2002, S. 53, 110ff

[4] vgl. Huber 2002, S. 99

[5] vgl. Descartes 1637, S. 33ff

[6] vgl. Descartes 1644, S. 155

[7] vgl. Descartes 1637, S. 105ff

1727) als einem ihrer herausragendsten Vertretern entwickelt René Descartes als erster Naturphilosoph seit Aristoteles ein geschlossenes naturphilosophisches System.[8] Descartes macht sich um die Philosophie, Mathematik und Physik verdient. Er gilt als Begründer der neuzeitlichen Metaphysik und Erkenntnislehre sowie als Wegbereiter der analytischen Geometrie, die Algebra und Geometrie miteinander verbindet. Zudem formuliert er bereits Erhaltungssätze und das Trägheitsprinzip der geradlinig, gleichförmigen Bewegung.[9]

Das Ziel der vorliegenden Arbeit ist es, Descartes' Alternative zur aristotelischen Naturphilosophie, seine Metaphysik und seine Erkenntnislehre darzustellen. Vor dem Hintergrund der Newtonschen Mechanik, die Newton 1687 in seinem Hauptwerk *Mathematische Grundlagen der Naturphilosophie* formuliert und die bis heute, ergänzt durch Relativitätstheorie und Quantenmechanik, ihre eingeschränkte Gültigkeit besitzt, arbeite ich außerdem heraus, inwiefern sich Descartes aus heutiger Sicht irrt und inwiefern er Recht behält.

Zunächst stelle ich Descartes' wissenschaftliche Methode vor, die er als Gegenentwurf zum traditionellen Bildungsideal konzipiert. Dazu betrachte ich die vier Grundregeln dieser Methode, die Evidenz-, Zerlegungs-, Ordnungs- und Vollständigkeitsregel. Anschließend arbeite ich seine Substanzontologie mit ihren drei Substanzen heraus, der denkenden, vollkommenen und ausgedehnten Substanz. Im darauf folgenden Schritt befasse ich mich mit den Erhaltungssätzen und den drei cartesischen Naturgesetzen, d. h. mit dem Trägheitsprinzip und den zwei Stoßmechanismen, auf die Descartes seine sieben Stoßgesetze zurückführt. Seine kosmologische Wirbeltheorie bleibt in meiner Betrachtung seiner Naturphilosophie unberücksichtigt. Abschließend fasse ich im Fazit die Ergebnisse meiner Arbeit zusammen.

---

[8] vgl. Huber 2002, S. 267

[9] vgl. Huber 2002, S. 227, 267f

1. Die wissenschaftliche Methode

Descartes kritisiert am traditionellen Bildungsideal, dass es keine systematische Methode für den Wissenserwerb biete und daher die Gewissheit des Wissens fehle. Lediglich in den mathematischen Disziplinen sieht er wegen der überzeugenden Kraft ihrer klaren Beweise eine Ausnahme mit paradigmatischem Charakter hinsichtlich der weiteren Wissenschaften.[10] Descartes' Lösung ist eine neue, analytisch-synthetische Methode mit den folgenden vier Regeln.

1.1 Die Evidenzregel

Die Evidenzregel fordert,

> niemals eine Sache als wahr anzuerkennen, von der ich nicht evidentermaßen erkenne, daß sie wahr ist: d.h. Übereilung und Vorurteile sorgfältig zu vermeiden und über nichts zu urteilen, was sich meinem Denken nicht so klar und deutlich darstellte, daß ich keinen Anlass hätte, daran zu zweifeln.[11]

Mit seiner Evidenzregel etabliert Descartes seinen methodischen Zweifel, der über subjektive Gewissheit zu objektiver Erkenntnis führen soll. Er unterscheidet drei Stufen des Zweifels: den gewöhnlichen Zweifel, den verschärften Zweifel und den fundamentalen Zweifel. Der gewöhnliche Zweifel bezieht sich auf Sinnestäuschungen und fehlerhafte Schlussfolgerungen, der verschärfte Zweifel thematisiert das Problem der Unterscheidung von Wach- und Traumzuständen und auf der höchsten Stufe des methodischen Zweifels, beim fundamentalen Zweifel, wird ein betrügerischer Dämon vorausgesetzt, der den Menschen sogar bezüglich der Mathematik und Logik prinzipiell und umfassend täuschen will.[12]

1.2 Die Zerlegungsregel

Die Zerlegungsregel besagt, „jedes Problem [...] in so viele Teile zu teilen, [...] wie es nötig ist, um es leichter zu lösen."[13] Hier offenbart sich die paradigmatische Rolle, die Descartes der Mathematik zuweist, indem er die analytisch-synthetische Methode zum Paradigma für alle weiteren Wissenschaften erklärt. Die Zerlegungsregel baut insofern auf der Evidenzregel auf, als sie fordert jedes Teilproblem nach der Evidenzregel zu lösen und sie immer dann zur Anwendung kommt, wenn die Evidenzregel bei einem komplexen Problem, das noch nicht in seine Teilprobleme zerlegt worden ist, versagt.

---

[10] vgl. Descartes 1637, S. 7 - 35

[11] Descartes 1637, S. 31

[12] vgl. Huber 2002, S. 233

[13] Descartes 1637, S. 31

1.3 Die Ordnungsregel

Die Ordnungsregel fordert,

> in der gehörigen Ordnung zu denken, d. h. mit den einfachsten und am leichtesten
> zu durchschauenden Dingen zu beginnen, um so nach und nach, gleichsam über
> Stufen, bis zur Erkenntnis der zusammengesetztesten aufzusteigen, ja selbst in
> Dinge Ordnung zu bringen, die natürlicherweise nicht aufeinander folgen [...].[14]

Die Ordnungsregel bildet den Kern der cartesischen Gedankenordnung, die die Dinge nach der Relation „a ist einfacher erkennbar als b" ordnet. Diese epistemologische Ordnung beginnt bei den für den Menschen einfachen Erkenntnisgegenständen und endet bei den für den Menschen komplexen Erkenntnisgegenständen. Im Unterschied dazu ist die aristotelische Seinsordnung eine kausale Ordnung nach der Relation „c ist die Ursache von d". Sie führt von dem für den Menschen Ersten zu dem der Natur nach Ersten.[15]

1.4 Die Vollständigkeitsregel

Auf Grundlage der bisherigen Regeln erhebt die Vollständigkeitsregel den Universalitätsanspruch der cartesischen Methodologie, „überall so vollständige Aufzählungen und so allgemeine Übersichten aufzustellen, daß ich versichert wäre, nichts zu vergessen."[16]

---

[14] Descartes 1637, S. 31

[15] vgl. Huber 2002, S. 230

[16] Descartes 1637, S. 33

2. Die Substanzontologie

Mit Hilfe seiner neuen wissenschaftlichen Methode untersucht Descartes gemäß seiner Ordnungsregel und Evidenzregel das für ihn am einfachsten Erkennbare: sein eigenes Denken. Von diesem Ausgangspunkt aus arbeitet er die drei Prinzipien der Metaphysik heraus und beantwortet die Fragen nach der Existenz und Essenz dieser Prinzipien bzw. Substanzen. Descartes identifiziert unter Berücksichtigung seiner Vollständigkeitsregel eine denkende Substanz (1. Prinzip der Metaphysik), eine vollkommene Substanz (2. Prinzip der Metaphysik) und eine ausgedehnte Substanz (3. Prinzip der Metaphysik).

2.1 Eine denkende Substanz

Bei der Betrachtung des eigenen Denkens erkennt Descartes mit Hilfe des methodischen Zweifels, dass die Wirklichkeit des eigenen Denkens nicht angezweifelt werden kann. Sogar auf der höchsten Stufe des methodischen Zweifels, auf der Stufe des fundamentalen Zweifels, d. h. bei der Annahme eines betrügerischen Geistes, bleibt die Gewissheit des eigenen Denkens. Daraus folgert er die Wirklichkeit der eigenen Existenz als denkende Substanz.[17] Diese Erkenntnis erhebt Descartes zum ersten Grundsatz seiner Philosophie:

> Und indem ich erkannte, daß diese Wahrheit: „ich denke, also bin ich" so fest und sicher ist, daß die ausgefallensten Unterstellungen der Skeptiker sie nicht zu erschüttern vermöchten, so entschied ich, daß ich sie ohne Bedenken als ersten Grundsatz der Philosophie, die ich suchte, ansetzen könne.[18]

Die Frage nach dem Wesen, nach der Essenz der denkenden Substanz und damit nach der Essenz des Menschen beantwortet Descartes mit Hilfe des Abstraktionsprinzips. Er abstrahiert vom Körper und vom Ort des Menschen und stellt das Wesen des Menschen als denkende Substanz dar, die unabhängig von Körper und Materie existiert.

> Daraus erkannte ich, daß ich eine Substanz bin, deren ganzes Wesen oder deren Natur nur darin besteht, zu denken und die zum Sein keines Ortes bedarf, noch von irgendeinem materiellen Dinge abhängt, so daß dieses Ich, d.h. die Seele, durch die ich das bin, was ich bin, völlig verschieden ist vom Körper, ja daß sie sogar leichter zu erkennen ist als er, und daß sie, selbst wenn er nicht wäre, doch nicht aufhörte, alles das zu sein, was sie ist.[19]

Damit begründet Descartes einen Substanzdualismus, der im Leib-Seele-Problem mündet, d. h. in der Frage, wie Wechselwirkungen zwischen Körper und Geist auf der Grundlage zweier völlig verschiedener Substanzen zu erklären sind.

---

[17] vgl. Descartes 1641, S. 71ff

[18] Descartes 1637, S. 53

[19] Descartes 1637, S. 55

2.2 Eine vollkommene Substanz

Descartes stellt sich die Frage nach einer real existierenden Außenwelt und nach der Wahrheit seiner Erkenntnis. Er behauptet, eine klare und deutliche Vorstellung von einer vollkommenen Substanz zu haben, die er „Gott" nennt und die die Ursache alles Existierenden ist.[20] Auf Grundlage dieser eingeprägten Idee beantwortet Descartes die Frage nach der Essenz der vollkommenen Substanz. In der Vollkommenheit Gottes erkennt Descartes die folgenden göttlichen Eigenschaften. Gott ist aktual unendlich, so dass eine Vergrößerung seiner Vollkommenheit unmöglich ist.[21] Im Vergleich dazu sind die natürlichen Zahlen ein Beispiel für potentielle Unendlichkeit, weil die Folge der natürlichen Zahlen immer weiter ins Unendliche verlängert werden kann. Des Weiteren ist Gott kein Betrüger, weil Betrug ein Ausdruck von Unvollkommenheit wäre.[22] Zudem schreibt Descartes Gott zu, unveränderlich, unabhängig, allwissend und allmächtig zu sein.[23]

Für die Existenz Gottes legt Descartes einen kausalen und einen ontologischen Beweis vor. Auf der Suche nach der Ursache seiner klaren und deutlichen Vorstellung einer vollkommenen Substanz stellt Descartes die These auf, dass ihm nur etwas Vollkommenes die Vorstellung einer vollkommenen Substanz in den Geist gelegt haben kann. Denn er hält es für widersinnig, dass die Idee von etwas Vollkommenem dem Nichts oder seinem eigenen Denken entspringen kann. So schließt er beim kausalen Existenzbeweis auf die notwendige Existenz Gottes als Ursache für seine klare und deutliche Gottesvorstellung.[24]

Beim ontologischen Existenzbeweis betrachtet Descartes die Vollkommenheit Gottes als klar und deutlich erkannte Essenz Gottes. Aus dieser Vollkommenheit folgert er die Notwendigkeit der Existenz, weil die Nichtexistenz ein Ausdruck von Unvollkommenheit wäre.[25] Immanuel Kant (1724 – 1804) bestreitet die Beweiskraft dieses Arguments, indem er kritisiert, dass Existenz kein echtes Prädikat ist, das zum Begriffsinhalt zählt, sondern dass die Frage nach der Existenz den Begriffsumfang betrifft. Somit ist es unzulässig, aus dem Inhalt eines Gottesbegriffes auf die Existenz oder Nichtexistenz eines Gottes zu schließen.[26]

Aus der Existenz und Essenz Gottes als vollkommene Substanz zieht Descartes ontologische, epistemologische und naturalistische Konsequenzen. So sieht er Gott, der

---

[20] vgl. Descartes 1641, S. 127ff

[21] vgl. Descartes 1641, S. 135

[22] vgl. Descartes 1641, S. 151ff

[23] vgl. Descartes 1641, S. 127

[24] vgl. Descartes 1637, S. 55ff

[25] vgl. Descartes 1641, S. 183 - 187

[26] vgl. Huber 2002, S. 238

mit einem unveränderlichen Willen ausgestattet ist und niemals betrügt, als Garant für die Existenz einer ausgedehnten Substanz (ontologische Konsequenz)[27], für die Wahrheit der Erkenntnisse (epistemologische Konsequenz)[28] und für die Gültigkeit der Naturgesetze (naturalistische Konsequenz).[29]

2.3 Eine ausgedehnte Substanz

Gott als ein nicht-betrügerischer Geist garantiert die Existenz der materiellen Außenwelt, die für Descartes klar und deutlich erkennbar aus einer ausgedehnten Substanz besteht. Zur Essenz der Materie gelangt er, indem er von seinen sinnlichen Wahrnehmungen abstrahiert.

> Wenn wir dies tun, werden wir erfassen, daß die Natur der Materie, bzw. die Natur der im Universum vorfindlichen Körper nicht darin besteht, daß die Materie ein hartes oder schweres oder farbiges oder auf irgendeine sonstige Weise unsere Sinne erregendes Ding ist, sondern allein darin, daß sie ein in Länge, Breite und Tiefe ausgedehntes Ding ist.[30]

Descartes weist der ausgedehnten Substanz ausschließlich geometrische und kinematische Eigenschaften zu. So führt er alle Bewegungen der ausgedehnten Substanz ausschließlich auf die Wirkungsweise von Druck und Stoß zurück. Im Gegensatz zu Aristoteles schreibt er der Materie keine teleologischen Eigenschaften zu, wie sie Aristoteles anhand der Bewegung zum natürlichen Ort erklärt. Ebenso wenig erkennt Descartes bereits dynamische Eigenschaften der Materie, da ihm noch der Kraft- und Massenbegriff fehlen und er den zeitlichen Aspekt im Bewegungsprozess außer Acht lässt.[31]

Descartes widerspricht in zwei zentralen Aspekten der antiken Lehre des Atomisten Demokrit (um 460 – 370 v. Chr.). Gemäß der cartesischen Lehre von der ausgedehnten Substanz existiert kein Vakuum im Sinne eines leeren Raumes, weil das Nichts aus logischen Gründen keine Ausdehnung haben könne.[32] Descartes leugnet außerdem die Existenz unteilbarer Atome, weil ihm die Unteilbarkeit der ausgedehnten Substanz gemäß seiner Evidenzregel kontra-intuitiv erscheint.[33]

In den modernen Naturwissenschaften haben die Begriffe „Vakuum" als Bezeichnung für

---

[27] vgl. Descartes 1644, S. 91ff

[28] vgl. Descartes 1637, S. 63ff

[29] vgl. Descartes 1637, S. 71 und Descartes 1644, S. 139

[30] Descartes 1644, S. 95

[31] vgl. Huber 2002, S. 241 - 249

[32] vgl. Descartes 1644, S. 109ff

[33] vgl. Descartes 1644, S. 115ff

den leeren Raum und „Atom" als Bezeichnung für den kleinsten Baustein eines chemischen Elements ihren festen Platz gefunden. Aus heutiger Sicht lässt sich das Atom in Atomkern und Elektronenhülle zerlegen, so dass es sich vom unteilbaren Atom des antiken Atomismus deutlich unterscheidet. Das Atom in den modernen Naturwissenschaften ist nur insofern unteilbar, als mit der Teilung in Kern und Hülle die chemischen Eigenschaften des entsprechenden Elements verschwinden.

Aristoteles bestreitet ebenfalls die Existenz des Vakuums, aber aus physikalischen und nicht wie Descartes aus logischen Gründen, weil er in seiner Lehre vom natürlichen Ort ein Medium für das Zustandekommen von Bewegung voraussetzt. Durch Einbeziehung der Vier-Elementen-Lehre des Empedokles in seine teleologische Physik erteilt Aristoteles dem konkurrierenden Atomismus Demokrits ebenfalls eine Absage.[34]

---

[34] vgl. Huber 2002, S. 53, 67 - 70 und 110 - 113

3. Die Naturgesetze

In der Erkenntnis Gottes, der vollkommen und nicht-betrügerisch ist, sieht Descartes den einzig richtigen Weg „zur Erkenntnis der übrigen Dinge"[35]. So führt für ihn der Weg zur Naturerkenntnis notwendig und hinreichend über die Gotteserkenntnis. Durch „die Erkenntnis der Wirkungen aus ihren Ursachen"[36], d. h. durch die Erkenntnis Gottes, der „die wahre Ursache alles dessen ist, das ist oder sein könnte"[37], erhofft sich Descartes „die vollkommenste Wissenschaft"[38] über die Natur und ihre Gesetze.

3.1 Die Erhaltungssätze

Unter der Vollkommenheit Gottes versteht Descartes zudem die Unveränderlichkeit des göttlichen Willens. Dies führt zur Vollkommenheit der Natur und ihrer Gesetze sowie zur Gültigkeit von Erhaltungssätzen. Indem Descartes Gott als die allgemeine und ursprüngliche Ursache für die Gesamtbewegung ansieht, findet er zu Erhaltungsgrößen als „Theorie-übergreifende metaphysische Prinzipien"[39]. Diese Erhaltungsgrößen sind das „Materiequantum"[40] und das „Bewegungsquantum"[41]. Mit anderen Worten: Die Gesamtmenge der Materie und Bewegung im Universum bleibt konstant.

> Deshalb ist es mit der Vernunft sehr gut vereinbar, daß wir allein deshalb, weil Gott, als er sie zuerst erschaffen hat, die Stücke der Materie auf verschiedenste Weisen bewegt hat, und er die Gesamtheit dieser Materie ja bereits auf dieselbe Weise und aus eben demselben Grund heraus erhält, aus dem heraus er sie zuerst erschaffen hat, annehmen, daß er auch beständig ebendasselbe Maß an Bewegung in dieser Materie aufrecht erhält.[42]

Dieser cartesische Erhaltungssatz ähnelt bereits grob dem modernen Impulserhaltungssatz, wenn man „Bewegung" als Impuls versteht. Descartes fehlen jedoch die modernen physikalischen Begriffe von Impuls, Energie, Kraft und Masse. Die Materie gemäß Descartes' Auffassung ist durch ihre räumliche Ausdehnung charakterisiert, so dass sie nach heutigem Verständnis ein Volumen und keine Masse darstellt.[43]

Aus den Theorie-übergreifenden Prinzipien folgert Descartes „Theorie-spezifische

---

[35] Descartes 1641, S. 151

[36] Descartes 1644, S. 33

[37] Descartes 1644, S. 33

[38] Descartes 1644, S. 33

[39] Huber 2002, S. 245

[40] Huber 2002, S. 251

[41] Huber 2002, S. 251

[42] Descartes 1644, S.137ff

[43] vgl. Huber 2002, S. 252ff

Prinzipien"[44]: drei Naturgesetze als die besondere Ursache für die Bewegung einzelner Materieteile. Auf Grundlage dieser drei Naturgesetze entwirft Descartes wiederum seine Stoßgesetze. Seine ersten beiden Naturgesetze beschreiben das Trägheitsprinzip der geradlinig-gleichförmigen Bewegung und das dritte Naturgesetz ist ein allgemeines Stoßgesetz.[45]

3.2 Das Trägheitsprinzip

Das erste Naturgesetz besagt, dass ein Körper ohne äußere Ursache keine Zustandsänderung erfährt, so dass seine Geschwindigkeit und seine Gestalt unverändert bleiben.

> Ein jedes Ding, insofern es ein einzelnes und ungeteiltes ist, verbleibt von sich aus in demselben Zustand und verändert sich niemals außer durch äußere Ursachen. [...] Daraus nun muß gefolgert werden, daß das, was sich bewegt, sich aus sich selbst heraus immer weiterbewegen werde.[46]

Das zweite Naturgesetz besagt, dass ohne äußere Ursache keine Änderung der Bewegungsrichtung erfolgt, so dass eine kreisförmige Bewegung eine äußere Ursache benötigt.

> Ein jedes Stück Materie tendiert für sich selbst betrachtet niemals, sich auf irgendwelchen schrägen Linien weiterzubewegen, sondern einzig und allein auf geraden – wenn auch oft viele Körper aufgrund des Aufschlags anderer abgelenkt werden, und, wie kurz zuvor bereits ausgeführt wurde, sich bei jeder beliebigen Bewegung gewissermaßen ein Kreis aus der gesamten zugleich bewegten Materie bildet.[47]

Für Descartes ist Bewegung ein Zustand, der im Gegensatz zur Zustandsänderung keine Ursache erfordert. Im Vergleich dazu ist für Aristoteles Ruhe ein Zustand und Bewegung ein Prozess, der wiederum einer Ursache bedarf. Descartes' Theorie weist insofern eine Inkonsistenz auf, als er mit seinen beiden ersten Naturgesetzen das Trägheitsprinzip formuliert, ohne über den dafür notwendigen Begriff der trägen Masse zu verfügen. Die Trägheit der Masse setzt voraus, dass Raum und Körper nicht identisch sind. Für Descartes dagegen ist alles, was ausgedehnt ist, auch Materie, so dass Raum und Körper identisch sind. Die Existenz des leeren Raumes, des Vakuums, bestreitet er.[48]

---

[44] Huber 2002, S. 245

[45] vgl. Huber 2002, S. 250ff

[46] Descartes 1644, S. 139

[47] Descartes 1644, S. 141ff

[48] vgl. Huber 2002, S. 246f und 251ff

3.3 Die Stoßgesetze

Das dritte Naturgesetz beschreibt als allgemeines Stoßgesetz zwei Stoßmechanismen: den Stoßmechanismus der Richtungsänderung und den Stoßmechanismus der Bewegungsübertragung. Über den Stoßmechanismus der Richtungsänderung schreibt Descartes:

> Wenn ein sich bewegender Körper auf einen anderen auftrifft, und er eine geringere Kraft besitzt, sich auf gerader Linie fortzubewegen als der andere besitzt, um ihm zu widerstehen, dann wird er in eine andere Richtung abgelenkt, wobei er seine Bewegung behält und allein die Ausrichtung der Bewegung verliert.[49]

Dieser „Kraft, sich fortzubewegen", liegt kein Kraftbegriff im Sinne der Newtonschen Mechanik zu Grunde, sondern ein Begriff der Bewegungsgröße, der am ehesten mit dem Impuls vergleichbar ist. Kraft und Impuls sind Vektoren, d. h. Größen, die neben ihrem Betrag auch eine Richtung haben. Kraft ist nach Newton das Produkt aus Masse und Beschleunigung (**F**=m***a**). Der Impuls dagegen ist das Produkt aus Masse und Geschwindigkeit (**p**=m***v**). Mit der „Kraft, zu widerstehen" meint Descartes aus heutiger Sicht betrachtet die Trägheit der Masse. Der Stoßmechanismus der Richtungsänderung ist insofern falsch, als der vor dem Stoß ruhende Körper nach dem Stoß in Wirklichkeit nicht in Ruhe bleibt.[50]

Sodann fährt Descartes mit dem Mechanismus der Bewegungsübertragung fort:

> Wenn er hingegen eine größere Kraft besitzt, dann bewegt er den anderen mit sich fort und überträgt ihm gerade soviel von seiner Bewegung, wie er selbst verliert.[51]

Diese beiden Stoßmechanismen sind mit einem Erhaltungssatz für den Betrag der Bewegungsgröße vereinbar, aber nicht mit einem Erhaltungssatz für ihre Richtung.[52] So können sie nicht dem Impulserhaltungssatz genügen, weil der Impuls als Vektor eine gerichtete Größe ist, deren Richtung nach dem Stoß vom Erhaltungssatz berücksichtigt werden muss. So ergibt sich bei den Stoßmechanismen das folgende physikalische Problem:

> Descartes hat keinen Massenbegriff und keinen Energiebegriff. Der Erhaltungssatz für die kinetische Energie fehlt völlig und der Erhaltungssatz für den Impuls ist falsch.[53]

Schließlich bleibt Descartes' Beschreibung des Stoßmechanismus der Bewegungsübertragung noch insofern unvollständig, als er keine Angaben über die Höhe

---

[49] Descartes 1644, S.145

[50] vgl. Huber 2002, S. 252ff

[51] Descartes 1644, S. 145

[52] vgl. Huber 2002, S. 253

[53] Huber 2002, S. 253

der übertragenen Bewegungsgröße macht.[54]

Im Anschluss an sein allgemeines Stoßgesetz stellt Descartes sieben spezielle Stoßgesetze auf, die er für Idealfälle verbalisiert.[55] In seinen idealisierten Gesetzen handelt es sich jeweils um einen elastischen Stoß im Vakuum, d. h. die verwendeten Körper sind vollkommen hart und von allen übrigen Körpern der Umgebung isoliert.[56] Bemerkenswert ist dabei, dass Descartes die Existenz des Vakuums aus Vernunftgründen leugnet, sie aber als Idealbedingung in seinen Stoßgesetzen impliziert. Descartes merkt dazu an:

> Weil nun jedoch in der Welt keine Körper unabhängig von anderen Körpern existieren können, und es in unserer Umwelt gewöhnlich keine völlig harten Körper gibt, ist es sehr viel schwieriger, eine Berechnung anzustellen, durch die bestimmt werden kann, inwieweit die Bewegung eines einzelnen Körpers durch den Aufschlag anderer verändert wird. Es müssen nämlich zugleich alle diejenigen Körper mit in Betracht gezogen werden, die ihn ringsumher berühren, und die, was sie selbst anbelangt, sehr verschiedene Wirkungen haben, je nachdem ob sie hart oder flüssig sind.[57]

Mit seinem Hinweis auf die idealisierten Bedingungen seiner Stoßgesetze und die hohe Schwierigkeit in der Berechnung einer komplexen Wirklichkeit versucht Descartes, seine intuitive Erkenntnis gegen eine mögliche Widerlegung durch den empirischen Befund abzusichern. Aus heutiger Sicht stellt sich heraus, dass sechs der sieben Stoßgesetze falsch sind und nur das folgende erste Stoßgesetz richtig ist.[58]

> Erstens: Wenn diese zwei Körper [...], zum Beispiel B und C, völlig gleich wären und sich gleich rasch bewegten, nämlich B von rechts nach links, und C ihm entgegen von links nach rechts, dann würden sie, wenn sie aufeinander aufträfen, reflektiert werden und danach fortfahren, sich zu bewegen, B nach rechts und C nach links, wobei sie nichts von ihrer Geschwindigkeit verlören.[59]

Für die Richtigkeit des ersten Stoßgesetzes ist entscheidend, dass die beiden Körper gleich an Masse sind. Folgende symbolische Schreibweise verdeutlicht durch Bewegungspfeile den zitierten Sachverhalt: C →, B ← (vor dem Stoß); C ←, B → (nach dem Stoß) . Dabei bedeutet „→“: Der Körper bewegt sich nach rechts, während „←“ bedeutet: Der Körper bewegt sich nach links.

In der nachfolgenden Tabelle sind alle sieben Stoßgesetze einer symbolischen Darstellungsweise gemäß aufgeführt. Der Größe der Körper ordne ich abweichend von

---

[54] vgl. Huber 2002, S. 254

[55] vgl. Descartes 1644, S. 151 - 155

[56] vgl. Huber 2002, S. 254

[57] Descartes 1644, S. 157

[58] vgl. Huber 2002, S. 256

[59] Descartes 1644, S. 151

der verwendeten Sekundärliteratur statt „m" für die Masse den Großbuchstaben „V" für das Volumen zu, d. h. „V(B)" für Körper B und „V(C)" für Körper C. Denn die räumliche Ausdehnung als wesentliche Eigenschaft der ausgedehnten Substanz entspricht vielmehr einem Volumen als einer Masse. Obwohl Descartes im dritten Stoßgesetz darüber schreibt, dass „die Körper an Masse gleich"[60] seien, ist der Massenbegriff nach heutigem Verständnis in diesem Zusammenhang inadäquat.

> Da Descartes keinen Massenbegriff besitzt, kann er im Stoßprozeß keinen Unterschied finden, wenn z.B. eine der ursprünglich beteiligten Vollkugeln durch eine Hohlkugel ersetzt wird, sofern nur die geometrischen Eigenschaften unverändert bleiben.[61]

Selbst wenn die Körper im dritten Stoßgesetz die gleiche Masse hätten, bliebe das Gesetz falsch. Ebenso wären die übrigen Stoßgesetze, abgesehen vom ersten, immer noch falsch, wenn man unter der Größe der Körper ihre Masse verstünde. Descartes spricht im ersten Stoßgesetz von der Gleichheit der Körper, was die Gleichheit der Masse einschließt. Diese Gleichheit der Masse ist Voraussetzung für die Richtigkeit des ersten Stoßgesetzes. Daher verwende ich in der schematischen Darstellung des ersten Stoßgesetzes zusätzlich den Buchstaben „m" für die Masse der Körper. Der Primärliteratur entsprechend bezeichne ich die Körper mit den Buchstaben „B" und „C" und weise ihnen ihre Bewegungspfeile zu. Des Weiteren gelten neben den bereits genannten Bewegungspfeilen folgende Symbole: „=" für die Gleichheit, „>" und „<" für die Ungleichheit, „+" für die Addition, „*" für die Multiplikation, „/" für die Division und das Symbol „°" dafür, dass der Körper ruht. Die Symbole „v(B)" und „v(C)" stehen für die Geschwindigkeit der Körper B und C vor dem Stoß, während „u(B)" und „u(C)" die Geschwindigkeit nach dem Stoß bezeichnen.

---

[60] Descartes 1644, S. 151

[61] Huber 2002, S. 254

<u>Die cartesischen Stoßgesetze in schematischer Form</u>[62]

Größe der Körper	vor dem Stoß	nach dem Stoß
1.) V (B) = V (C)	v (B) = v (C) = v	u (B) = u (C) = v
m (B) = m (C)	C → B ←	C ← B →
2.) V (B) > V (C)	v (B) = v (C) = v	u (B) = u (C) = v
	C → B ←	C ← B ←
3.) V (B) = V (C)	v (B) > v (C)	u (B) = u (C) = u = [v (B) + v (C)] / 2
	C → B ←	C ← B ←
4.) V (B) < V (C)	v (B) = v v (C) = 0	u (B) = v u (C) = 0
	C ° B ←	C ° B →
5.) V (B) > V (C)	v (B) = v v (C) = 0	u (B) = u (C) = u = v * V(B) / [V(B)+V(C)]
	C ° B ←	C ← B ←
6.) V (B) = V (C)	v (B) = v v (C) = 0	u (B) = v * 3 / 4 u (C) = v / 4
	C ° B ←	C ← B →
7.) V (B) < V (C)	v (B) > v (C)	**a)** u (B) = u (C) = u
	C ← B ←	C ← B ←
	a) V (B) * v (B) > V (C) * v (C)	**b.)** u (B) = v (B) u (C) = v (C)
	b) V (B) * v (B) < V (C) * v (C)	C ← B →

Obwohl nur das erste Stoßgesetz korrekt ist, behauptet Descartes im Schlusssatz seines siebten Stoßgesetzes selbstbewusst: „Und diese Regeln bedürfen keiner Überprüfung, weil sie ganz offensichtlich sind."[63] Dennoch misst Descartes der Empirie einen gewissen Wert im Erkenntnisgewinn bei, indem er sie dafür schätzt, aus seinen rationalistischen Erkenntnissen über die Möglichkeiten des Seins die wirklichen Strukturen des Seins herauszufiltern und offenzulegen.

> Doch muß ich auch zugeben, daß der Bereich des von Natur Möglichen so groß und weit ist und daß diese Prinzipien so einfach und allgemein sind, daß ich fast keine besondere Wirkung mehr beobachte, von der ich nicht gleich anfangs erkenne, daß sie auf mehrere verschiedene Weisen daraus abgeleitet werden kann, und meine größte Schwierigkeit besteht für gewöhnlich darin, herauszufinden, auf welche dieser Weisen sie davon abhängt. Denn daraus weiß ich keinen anderen Ausweg, als wiederum etliche Beobachtungen anzustellen und zwar solche, die anders ausfallen, je nachdem die eine oder die andere Erklärungsart richtig ist.[64]

---

[62] vgl. Huber 2002, S. 255

[63] Descartes 1644, S. 155

[64] Descartes 1637, S. 105ff

4. Fazit

Die Ergebnisse der vorliegenden Arbeit lassen sich wie folgt zusammenfassen und bewerten. Den Kern der cartesischen Erkenntnislehre bildet Descartes' analytisch-synthetische Methode, die primär auf der Evidenz-Regel und dem methodischen Zweifel gründet. Die Evidenz-Regel liefert zusammen mit dem Gottesbeweis ein Wahrheitskriterium, nach dem subjektive Gewissheit und objektive Wahrheit zusammenfallen.

Als Alternative zur antiken Vier-Elementen-Lehre stellt Descartes seine Lehre von den drei Substanzen auf. In der menschlichen Erfahrungswelt läuft die cartesische Substanzontologie auf einen Substanzdualismus zwischen denkender und ausgedehnter Substanz hinaus, was zum Leib-Seele-Problem führt. Die Gewissheit seines eigenen Denkens führt Descartes zu der Erkenntnis, dass er unweigerlich in Form einer denkenden Substanz existiert. Auf Grundlage seiner Vorstellung einer vollkommenen Substanz führt Descartes einen kausalen und einen ontologischen Gottesbeweis. Die kausale Argumentation befinde ich insofern für problematisch, als Descartes kategorisch ausschließt, dass es sich bei seiner Gottesvorstellung um eine erzeugte Idee im Sinne des potentiell Unendlichen handeln könnte, wie es später der Empirist John Locke darlegt. Descartes' ontologische Argumentation ist logisch fragwürdig, weil er das, was bewiesen werden soll, nämlich die Existenz Gottes, bereits in der intensionalen Bestimmung des Gottesbegriffes voraussetzt. Descartes erkennt Gott als einen vollkommenen, d. h. aktual unendlichen, unabhängigen, unveränderlichen, allwissenden, allmächtigen und nicht-betrügerischen Geist. Daraus folgert Descartes, dass das Wesen und die Existenz Gottes die Existenz der ausgedehnten Substanz, die Wahrheit der Erkenntnisse und die Gültigkeit der Naturgesetze garantiert. Der ausgedehnten Substanz schreibt er ausschließlich geometrische und kinematische Eigenschaften zu. Er erkennt in ihr weder teleologische Eigenschaften nach aristotelischem Vorbild noch dynamische Eigenschaften, wie sie später bereits Gottfried Wilhelm Leibniz beschreibt. Descartes und Aristoteles stimmen aus unterschiedlichen Gründen darin überein, dass sie die Existenz sowohl des Vakuums als auch unteilbarer Atome abstreiten. Mittlerweile haben sich die Begriffe „Vakuum" und „Atom" in modifizierter, moderner Form als naturwissenschaftliche Begriffe etabliert.

Aus der Gotteserkenntnis schließt Descartes auf die Naturerkenntnis und formuliert seine Erhaltungssätze und Naturgesetze. Ohne über die adäquaten Begriffe von Impuls, Energie und Masse zu verfügen, postuliert er das Bewegungsquantum und das Materiequantum als Erhaltungsgrößen. Seine ersten beiden Naturgesetze stellen das Trägheitsprinzip der geradlinig-gleichförmigen Bewegung dar, ohne dass Descartes den dafür notwendigen Begriff der trägen Masse zugrunde legt. Der Begriff der Massenträgheit erfordert wiederum die Unterscheidung von Raum und Körper, die Descartes ablehnt.

Das dritte Naturgesetz besteht aus dem Stoßmechanismus der Bewegungsübertragung und dem Stoßmechanismus der Richtungsänderung. Aus heutiger Sicht betrachtet sind die beiden Stoßmechanismen nicht frei von logischen und empirischen Mängeln. So werden sie z. B. beide zwar einem Erhaltungssatz für den Betrag der Bewegungsgröße gerecht, aber keinem Erhaltungssatz für ihre Richtung. Auf Grundlage seiner beiden Stoßmechanismen stellt Descartes schließlich seine sieben Stoßgesetze auf, von denen sich nur das erste als zutreffend erweist.

Als Alternative zum antiken, aristotelischen Weltbild bietet Descartes eine neue, in sich geschlossene Naturphilosophie und stärkt die paradigmatische Rolle der Mathematik für die Naturerkenntnis. Mit seiner Geringschätzung für experimentelle Methoden verlässt er sich blind auf seinen rationalistischen Erkenntniserwerb, was ihn sowohl zu einigen Irrtümern als auch zu manchen fruchtbaren Gedanken über Erhaltungssätze und das Trägheitsprinzip führt. Vor allem haben wir der cartesischen Philosophie die fundamentale Erkenntnis „ich denke, also bin ich"[65] zu verdanken.

---

[65] Descartes 1637, S. 53

Literatur

Descartes R. 1637, Von der Methode des richtigen Vernunftgebrauchs und der wissenschaftlichen Forschung, Hamburg 1997

Descartes R. 1641, Meditationen, Göttingen 2004

Descartes R. 1644, Die Prinzipien der Philosophie, Hamburg 2005

Huber R. 2002, Natur-Erkenntnis. Band I. Naturphilosophie von der Antike bis Descartes, Paderborn